말이 은도금되다

리토피아시인선 · 58
말이 은도금되다

인쇄 2010. 8. 10 발행 2010. 8. 15
지은이 고은산 펴낸이 정기옥
펴낸곳 리토피아
출판등록 2006. 6. 15. 제2006-12호
주소 402-013 인천 남구 숭의3동 120-1
전화 032-883-5356 전송032-891-5356
홈페이지 www.litopia21.com 전자우편 litopia@hanmail.net

ISBN-978-89-6412-012-5 03810

값 7,000원

고은산 시집

말이 은도금되다

LITOPIA
LITERATURE & UTOPIA
Litopia, quarterly publication orienting
Utopia through generating its discourse for itself

시인의 말

첫 시집을 내게 되어 가슴이 설레인다.
시가 아직 부족함이 많지만
최선을 다했다.
앞으로 시인으로써
때로는 사유하고, 고뇌하며
"허파가 파랗게 숨을 쉰다"와 같은 시를
많이 써 보고 싶다.

나를 아는 모든 분들께 감사의 마음을 전하고 싶다.

2010년 7월
고은산

차례

제1부 푸른 정오

분노, 꽃이 될 수 있을까 15
만정滿情 16
고등어 17
백년 18
싸움닭이 꼿꼿이 세상을 바라보다 20
허파가 파랗게 숨을 쉰다 22
독거노인 24
침향枕香 26
울대의 실핏줄 속이 파래지다 27
푸른 정오 28
이파리가 노래를 듣다 30
별들은 촘촘한 기억의 열매이다 32
말이 은도금되다 34
잠깐, 머리를 흔들어봐! 36

제2부 사유통

근육이 빛나다 39

은밀 40

비가悲歌 · 2 42

대로변 언덕 43

곁두리 44

사유통 46

일식 47

정거장 48

성불암에 가다 50

독백 52

당단풍나무 51

농심農心 54

섬 56

대척점의 등뼈 속이 환하다 58

제3부 풍경소리

풍경소리 61
입동 62
꺾어진 우산 64
효孝 66
계단 68
동심童心 70
푸른 오후는 생각의 껍질을 무두질한다 72
개화開花 74
호접 75
생生, 가벼워지다 78
망가진 첼로 80
통점 82
장미 84

제4부 벚꽃축제

무덤 곁에 평화초平和草가 자라다 87

노스텔지어 88

비가悲歌 · 1 90

반反-마모니즘 92

벚꽃축제 94

성불암에 다녀오다 96

어떤 것들, 미립자의 어두운 업해業海의 성城이다 98

성불암 100

정토사 102

바람과 추위의 차이 104

단풍 106

해설/백인덕

'몸'으로 생각하기, 아니 살아가기 107

| 제1부 |

푸른 정오

분노, 꽃이 될 수 있을까

심장 끝 울음 이파리, 주렁주렁 매달린 포도송이처럼 빽빽하게 가슴팍에 움트고 있었네. 무럭무럭 자라 목젖까지 다가와 성대 결절이 되었네. 치밀한 울음의 엽록소, 분노의 외피外皮, 화끈화끈 광합성을 하였네. 철렁철렁 울음통이 목젖 적셨네. 결절된 성대로 울먹였네. 들쑥날쑥 분노의 몸빛이 변했네. 분노는 울음 속 출렁이는 강물이었네. 바짝바짝 마르는 바닥에 울음이 비어 갔네. 텅 빈 바닥에 꽃이 피었네. 꽃이 흐드러진 강물에 쪽빛 심장이 파닥거렸네. 결절된 성대는 꾀꼬리처럼 울렸네.

분노를 꽃이라 부른다면 꽃이 될 수 있을까.

만정滿情

궁창 아래 수돗가, 주물럭주물럭, 닥지닥지 때가 붙은 메리야스 몇 벌 빠는 아내, 풍성한 세월이 담긴, 펑퍼짐한 바지, 넓은 마음이다. 깡마른 몸에 주름진 얼굴, 뽀글파마는 나이를 푹 볶고 있다. 미끌미끌한 비눗물, 뭉텅뭉텅 묻은 인고忍苦의 찌꺼기를 뭉글뭉글 뺀다. 한쪽 귀퉁이 나간 빨래판, 잔가시 박힌 과거를 떼어낸다. 쭉 미는 팔, 쪼그린 다리의 힘줄은 참나무 같다. 머리를 쳐들자 황소 같은 남편의 어깨가 동공에 맺히는, 몇 조각 뙤약볕이 한가히 어깻죽지를 만지는 오후, 흔들흔들, 이마의 주름 사이, 한 줄기 은바람이 마알갛게 지난다. 옆을 힐끗 보니 맨드라미꽃이 쳐다본다. 아, 단침이 고인다. 움쭉 돋은 별 속에서 별뉘처럼, 솟대 같은 남편 생각, 빨래하는 사이, 금빛 사발 속에 머무는.

고등어

생선 좌판 앞, 뱃대끈 팽팽히 하는 아줌마, 우둘투둘 미끄러지는 아픔의 구릉, 오소소 가족의 잔영이 떨어진다. 미끈미끈한 고등어 위로 찬바람 연방 주먹질하는, 초겨울, 언 땅바닥은 의지의 힘줄 끌어당긴다. 그녀, 잠깐, 눈을 돌려 코를 훔치는 사이 햇눈이 땅바닥에 닿는다. 다닥다닥 흙이 묻은 털장화 속, 애환의 뼛국물이 흥건하다. 해진 앞치마 두른 찬바람 속, 눈길 한 번 주지 않는 사람들, 곱은 손등에 주름이 깊어진다. 깡깡한 두개골 속으로 흐르는 냉혈, 창백한 위장을 건드린다. 쭉 손을 내밀어 온정화溫情花 같은 고등어 사는 중년, 잠시 엔돌핀이 쭈뼛 머리털 세운다. 언 배춧잎 같은 부르튼 손에 온기가 돈다.

백년

아스팔트 위에서 발을 삔는 순간, 비가 내리고
허공을 찢으며 코스모스 꽃망울이 운다.
역경 속 휘황한 에메랄드빛 탄생, 찰나의 불빛이
광속으로 빛줄기 타고 우주로 사라진다.
종착지를 알 수 없는 길 위로 물줄기를 퍼부어
지구의 체중이 약간 비대해질 것이다.
잠깐 사이에 흑색 볼펜으로 쓰여진,
부고 한 장 받은 검은 눈동자,
눈부처 속 순간의 형상이 먼 곳의 산등성이를
젖어 안은 채 사라진다.
바람에 꺾어진 꽃대의 귓속을 후비는 천둥소리
삔은 발끝에 닿는다.
잠깐의 생生을 백 년이라고 하자.
백 년간 내린 빗줄기의 신발이 닳아 떨어졌을 때
튀어나온 발가락을 슬픔이라고 불러 보자.

뻗은 발이 땅에 닿기 전,
슬픈 백 년이 지난다.

싸움닭이 꼿꼿이 세상을 바라보다

바람의 머릿결이 행려병자처럼 헝클어진,
수많은 차바퀴가 지나간 도로 위를
엄마 젖을 갓 뗀 어린아이 같은 운전을 한다.
위험한 바람을 타이어 밑에 깔아 도시의 심장은 뛴다.
사위어가는 벽난로에 불빛이 안내하듯, 사냥을 배우는
어린 사자의 가녀린 발톱으로 길을 나아간다.
저녁 동안 별빛으로 닦아진 야윈 가로수 길을 지나,
바람의 혀가 마른 입술을 핥는다.
걸려진 프랑카드를 흔드는 도심을 거쳐
항상 오후의 흔적을 묻히는,
정겨움이 빽빽한 목책의 좁은 길에 첫 주차를 한다.

처음의 문빗장을 여는 벗겨진 금도금 열쇠를 쥐고 있는, 사향노루 같은 마음의 하루, 근육 위 파란 혈관이 긴장한다.

"첫"의 통통한 허벅지를 만지지만, 출렁이는 파도의 보석빛 이마를 계속 맞댈 때 별빛이 하늘에서 오소소 떨어져 가슴뼈 사이, 화초향 없는 줄탁동기를 지닌, 우승의 트로피를 거머쥔 싸움닭이 고개를 꼿꼿이 세우고 세상을 바라본다.

허파가 파랗게 숨을 쉰다

피라미 한 마리 꼬리를 흔들며
햇살을 품고 있습니다.
물 밑 자갈들은 청아한 물길의
갈 곳을 묻고 또 묻습니다.
어린 아이가 고기를 잡으려고
물 안으로 손을 넣습니다.
반바지에 하얀 종아리, 물빛보다
반짝이는 시간을 검정고무신에 담습니다.
시냇가 버드나무는 오랜 세월 얼마나
물장난을 쳤는지 밑동이 검은 상처투성이입니다.
버드나무 아래로는 조용한 피라미 안식처가
난장입니다.
아, 잡았다.
맑은 절집 같은 시냇가의 고막을 터트립니다.
뛰는 마음을 낚아 챈 그의 손에 숨바꼭질 놀이하며
뛰어 노는 어린이의 몸짓이 파닥거립니다.

시냇가는 태초부터 정결했습니다.
거기에 엄마젖을 뗀지 5년이 지난 어린 아이가
풍덩거립니다.
거짓말 한 번 하지 않은 피라미는 태생부터
시냇물에서만 자라왔습니다.
그는 검정고무신 속에 오늘을 담습니다.
검정고무신 한 짝이 더 검게 빛납니다.
풍덩거림은 청색 심장의 울렁임입니다.

시냇가의 허파가 파랗게 숨을 쉬고 있습니다.

독거노인

은삽으로 햇볕을 퍼나르는 기와 끝,
바람의 헛디딤으로 추녀 끝에 얼음이 떨어진다.
기와 사이로 바람의 협주곡 들리며
목관악기 음계를 먼 곳부터 짚어 고음으로 들린다.
깨진 기와 한 장은 힘든 삶을 사는 사람들의
혹한 속 부르튼 손을 어긋난 이빨로 깨문다.
수만 번의 추위가 들락거렸던 흙벽 틈으로
할아버지 헛기침 소리 들린다.
남루한 옷을 수없이 걸쳤던 횃대 끝에
유행 지난 검은 신사복이 매달려 있다.
이불 깔린 방바닥에 젖살 같은 햇살이 쭈뼛거린다.
빛에 쪼들리며 살아온 추위가 방에 흥건하다.
꺼칠한 엄지발톱 같은 생각, 기울어진 흙벽의
눅진한 백지를 타고 오른다.

바랜 공기가 빽빽한, 굳은 살 박힌 발바닥 같은 방의

윗목, 묵은 쌀로 독주를 빚는다. 독주향에 젖은 할아버지, 접질려진 발목 같다. 아랫목의 온기가 윗목으로, 햅쌀로 빚은 술향이 퍼진다. 술향에 시름을 잊는다. 황금 지팡이를 집고 발목이 나아진다. 그의 입내가 오로라 향으로 채워진다.

침향枕香

희망의 단단한 외피外皮는, 살갗 속, 꽃술에 벌이 날아와 수많은 꿀을 묻혀 날아오르는 것처럼, 은어 떼 가두는 가두리 양식장 같은 밝은 빛이 가득해진다. 너무 부풀어 오른 껍질은 약해져 상처가 난다. 상처 속으로 잿빛 가루가 환한 빛과 섞인다. 어두운 쪽에 포만감이 없는 수은빛 가루를 뿌린다. 포만감에 빠지지 않은 외피 속은 터지지 않는 울금향 향기가 너울거린다. 아문 상처 속, 마음의 혈관에 침향의 진액이 흐른다.

벌 한 마리 꽃 위에서 희망의 꽃술을 핥고 있다.

울대의 실핏줄 속이 파래지다

새싹이 땅에 상처를 내는 사이, 밭고랑에
농부의 마흔 해가 별빛을 따라 고인다.
타국 부인의 허리뼈 욱신거림을
새기는 빛 한 점, 성운 속을 몇 광년 돌고 돌아
은하수에서 이랑 사이에 떨어진다.
이랑 끝의 비닐하우스 속 농부 마음, 꺼칠한 살갗 같다.

비닐 같은 생각의 막을 가진 농부, 발목뼈가 시큰하다. 어둠의 가부좌를 넘어뜨리며 일어서는 상념의 울대 곁, 봉숭아 꽃잎이 떨어진다. 상념이 붉게 물든다. 주위가 빽빽하게 젖은 밤, 봉숭아 꽃잎 하나 어둠 속 울음보 터트린다. 가래침 없는 맑은 침을 삼키는 목울대로 운다. 꽃잎이 상념의 울대에 볼을 댄다. 울대의 실핏줄 속이 파래진다.

푸른 정오

무료한 유속流速의 눈썹미는 엷은 푸성귀 같은
하늘을 보고 한 줌 빛 줍는다.
다리 기둥의 허리를 잡고 놓는 물의 손바닥이
함초롬하게 늙어 가는 천변 입술에 닿는 정오다.
재클린 뒤 프레*의 첼로협주곡 통주저음의
풋감 같은 소리가 햇살을 느릿느릿 타고 돈다.
벗겨진 페인트가 녹슨 쇳자국을 드러내고 있는
긴 다리 난간, 한 발을 잃은 사내, 담배 연기는
하얀 금을 긋는다.
지나가는 차의 경적 소리, 잠깐 맑은 물에 빠진다.
늘어진 시간의 정면에 푸르스름한 미농지로
도배를 하는, 명자꽃이 다리 옆에서 수줍은 듯
다리를 오므리며 웃고 있다.

느린 시간의 이마에 입맞춤하는, 삼생三生이 주저앉은 마음의 뼛속을, 어느 시골 병원 구석에 오래된 X-ray로 가슴이 살짝 패인, 검은 정장을 걸친 숙녀 같은 판독을 한다.

아! 푸른 정오다.

*재클린 뒤 프레 : 비운의 영국 천재 첼리스트. 15살에 데뷔, 25살에 다발성 경화증에 걸려 28세에 은퇴. 1945년 1월 26일 출생. 1987년 10월 19일 사망.

이파리가 노래를 듣다

진펄 같은 의지의 창문이 뿌옇다.
박약한 안개 속 흑인 영가 울린다.
우듬지 끝, 시든 이파리가 노래를 듣는다.
귓바퀴 넓은 이파리는 생각이다.
우듬지 속이 성깃성깃하다.
첩첩산중 너울대는 음표가 가슴 속에 보인다.
햇살이 나무숲에서 길을 잃는다.
사이사이, 디지 길레스피* 트럼펫 연주, 불협화음으로 들린다.
화음을 맞추는 연주에 나한羅漢 같은
나무는 새싹이 움튼다.
새싹 위를 단단한, 오밀조밀한 바람이 훑는다.
단단한 공기가 안개가 걷힌 창 쪽으로 분다.
창틀 사이로 풀잎 같은 행진곡 들린다.
나뭇가지 사이, 햇빛에 반짝이는

이파리가 돈는 힘줄 같은 노래를 듣는다.

* 디지 길레스피 : 째즈 트럼펫의 대가, 40년대 째즈혁명인 밥음악을 탄생 시킴.

별들은 촘촘한 기억의 열매이다

흰 고무신 한 짝이 토방에 있습니다.
노랗게 바랜 신발을 하얀 강아지가 핥고 지나갑니다.
지난 해 돌아가신 할아버지의 빈집에는
새앙쥐의 발자국이 닿지 않은 곳이 없습니다.
별빛의 꼬리, 발자국에 짓눌리기도 합니다.
빈 집의 처마 끝에서 달그락거리는 발자국 소리에
괘념치 않고 하룻밤, 뜬 눈으로 없는 길을 돌아다녔습니다.
오래된 커튼이 유난히 큰 웃음 짓는
빛의 기척에 축 처져 있습니다.
먼지 묻은 유리창 틈으로 아이들이 보입니다.
자갈 사이에 끼인 별빛 하나를 한 아이가 발로 걷어찹니다.

별은 아이들을 바라보며 시냇물 속 텀벙거립니다.

작년에 빛을 비추던 별은, 지금 할아버지를 떠오르며

샛바람에 나부끼는 하나 남은 이파리처럼
바위섬이 되었습니다.
별은 윗집 새아낙 아기 낳는 소리, 조팝꽃 피는 소리,
도야지 새끼 낳는 소리 모든 것을 기억합니다.

빛나는 별들은 촘촘한 기억의 열매입니다.

말이 은도금되다

1.
마주 선 두 사내,
한 사내의 미간에 눈을 흘긴 바람의 혀가 날름거린다.
계곡 사이 정의의 갈기를 거머쥔, 옹색한 철학이
어깨 사이 쇄골에 걸려 있다.
그의 입술 사이, 말의 잉걸이 타오른다.
휘어 잡힌 말을 퇴적시킨다.
켜켜이 퇴적층으로 쌓인 언어들
가슴속에서 단검이 된다.
직진으로 꽂히는 표적의 심장에
가시 같은 말이 빽빽하다.

표적이 은빛으로 흔들린다.

포물선으로 꽂힌 그의 말이 은도금된다.

2.

연꽃 같은 말에 사내 심장은 안단테로 춤춘다. 심장 속 빛나는 눈빛은 선善의 등짝을 토닥거린다. 감정으로 금박金箔 테두리를 친 노여움은 더 이상 자라지 않는다. 수억 광년 빛나는 별빛 속도만큼 빠르게 사라지는 감각, 출렁임 사이를 그의 감정이 지난다. 감정의 틈은 공기보다 촘촘하다. 감정의 틈 사이를 그의 생각 입자가 헤집는다. 입자에 은도금을 한다. 생각의 입자 덩어리가 말이다. 말이 은도금된다.

잠깐, 머리를 흔들어봐!

뭉텅뭉텅 아픈 생각, 가느다랗게 촉수를 뻗치며, 굽이치는 달빛의 꽁무니를 따라 깊은 시골의 고샅길을 걷는, 기억을 쫓아봐 어둠의 홰 위에서 날갯죽지 퍼덕이며, 밤에 홰터를 내는 수탉의 발톱에 낀 흙먼지 같은, 삐죽삐죽 돋아난 두개골의 편린들 쫓아봐, 그리고, 잠깐, 머리를 흔들어봐! 만약, 생각이 바뀌어 은빛 비늘이 우수수 떨어지고, 달빛 묻은 바닥엔 은빛 비늘이 흥건하게 쌓이면, 부스럭거리는 도시에 쌓인 오색휴지처럼, 그리고, 오색휴지를 금빛 휴지통에 담아 두듯 된다면, 그것은 닳은 신발 뒤축을 금장으로 수선하는 거야 환한 꽃잎이 난분분한 거야 밤하늘을 푸른 지느러미 흔드는 청어 떼로 가득하게 만드는 거지.

| 제2부 |

사유통

근육이 빛나다

설움의 꼬리뼈를 잡아당긴 손이 파리하다. 파리한 실핏줄 속이 하얗다. 하얗게 야윈 두루미가 추운 새벽을 깨우며 홰를 친다. 홰를 치는 날갯죽지가 물무늬 상상을 털어낸다. 상상이 아침의 깃을 치며 날아오른다. 궁창 속으로 날아오른 새의 발톱이 빛난다. 빛은 설움의 껍질 벗겨낸 섬유질로 직조된 하늘의 근육이다. 쩍— 설움이 갈라진 등딱지 사이로 빛이 파랑친다. 근육이 빛난다. 얼굴에 은빛 향기가 돈다.

은밀

묵색으로 채색된 적요寂寥가 사방을 붙든다.

빼빼 마른 고양이, 적막의 팔뚝에 상처를 낸다.
상처는 어느 청춘의 나사못이 헛돌았던 내막을
텅 빈 거리 사이, 한 움큼 쌓아 놓고
추운 바람이 넘어뜨린다.

망루 같은 전봇대가 조각달의 급소를 찌른다.
달빛에 그을린 겨울의 손가락이 곱아 있다.

퀭한 시간이 까만 거리를 슬쩍슬쩍 훔치며
봇짐을 풀고 넋 나간 처녀처럼 어슬렁거린다.
푼 봇짐에 취객의 고성이 시커멓게 쌓이는 사이,
담 너머에선,
야반도주할 수 없는, 대지를 포옹하는 자者를 애무하며
동백꽃이 소리 없이 젖가슴 드러낸다.

어떤 은밀함도 모르는 많은 이들은, 껍질 벗은
눈부신 공기에 입을 대고 굳은 살 박힌 손 마디마다 아려
온
생의 용트림 같은 꽃에 갈빗살이 따뜻해진다.

비가悲歌 · 2

처마 밑에 고드름이
밤새 땅을 향해 가까워지는 사이,
아기 울음 묻은, 신열이 난 눈발이 흩날린다.
순결이 달빛 홍건한 대지에 한 잎 한 잎 쌓이고 있다.
하얀 젖살 같은 보드라운 몸이
하늘과 조금씩 가까워지는 시간, 귀가하는,
술 취한 추위가 순백 위에 상처를 내고
명예퇴직한 슬픔을 달래며 싸늘하게 걸어간다.
마당의 나무 우듬지에 가로등 불빛이 매달려 있다.
불빛은 그의 시린 가슴뼈에 입을 대본다.
사이사이를 부르튼 입술의 혓바닥으로 핥는다.
목청 돋운 허공에 슬픈 음표를 가득 채워 궁굴린다.
백설포白雪布를 음각해가는 그의 목젖의 떨림은
밤을 충혈시킨다.

대로변 언덕

희끗희끗 어머니 척추 디스크의 통증 같은 무서리 내린 길을 오르는, 쌔물쌔물 계류 중인 공기가 어깻죽지 누르는 대로변 인덕, 새벽을 두둠히 한다. 반늣한 간판들, 서로서로 숨소리 버거운 어깨를 빌려준다. 간판이 흐릿흐릿 눈을 뜨자, 첫차가 연기를 내뱉는다. 성장통이 멈추지 않는 빌딩 사이, 노동자의 거친 숨소리가 쿵쿵 찍히고 어제 묻은 흙먼지 날리며 첫차가 지난다. 어둠을 벗겨낸 그의 팔뚝 힘줄이 파랗다. 집 없는 새벽바람은 싸늘하다. 일용직 근로자, 뻣뻣한 새벽을 세수한, 단단한 끈기의 줄이 팽팽히 감긴 얼굴, 꺼칠꺼칠한 외투는 대로변에 투박하게 읽힌다. 해진 운동화 끈은 꽉 힘들게 하루를 조인다. 아무도 없는 긴 언덕길을 오른다. 무거운 발걸음이 하늘 쪽으로 조금씩 향한다.

텅 빈 대로변 긴 언덕은 치골에서 흔들리는 심한 통증의 이빨 같은, 서민의 관절 사이 염증 같은, 선홍빛 오르막 같은 어머니.

곁두리

이마 주름 같은 논두렁을 바구니에 주워담으며
그는 곁두리 가지고 간다.
촘촘한 벼를 바라보며 파안대소하는, 구름 몇 조각 집어서 넣고,
농부는 등뼈가 휜 일을 논바닥에 접어둔다.
피곤한 오후도 바구니에 넣으면 편해질까
추수의 어깻죽지 결리는 논배미에
시린 허리 잠시 편안하다.
꺼칠꺼칠한 발가락 사이 하루가 꼼지락거리며 쉬고 있다.
흙이 닥지닥지 묻은 발등은 햇살 두어 점 삼킨다.
햇살은 농부의 만성 디스크를 알고 있을까
아픈 허리만큼 노동의 뼈가 오밀조밀 성기다.
남루한 구름빛이 너털너털 바짓단을 걷어 올린다.
바구니 속, 구름 몇 조각 꺼내 먹고 있는 그의 곁에서,
벼 이삭 사이, 똥배 나온 바람이 바쁘다고 수런거린다.

오후를 잠시 삼킨, 결린 등짝이 잠시
헛기침하는 곁두리 시간이다.

사유통

끈적끈적 끈끈이주걱처럼 거미집을 지으며, 거미줄에 걸린 먹잇감 낚아채듯 달려드는 사유의 주둥이에 쉼 없이 빨려드는 알쏭한 편린들, 편린의 창백한 낯빛 같은 밋밋한 기억들이 불춤을 춘다. 훌렁훌렁 쏟아지는 폭우 같은, 꽃대궁 꺾어진 대궐. 대궐 속으로 혼란의 불화살이 향한다. 시위를 당긴 나의 수많은 불화살이 황금 방패에 떨어진다. 떨어진 불화살이 불춤을 춘다. 사유통이 비면, 불춤이 사라진다.

거미는 거미줄 위에서 반가사유 중이다.

일식

얼쑹얼쑹, 민낯으로 해변의 모래톱을 더듬거리는, 삐죽한 햇살이 드러누운 패각 속으로 빨려드는 한겨울. 한 없이 달려온 파도가 해변의 화등잔처럼 퀭하다. 벙거지 모자, 빵빵한 외투를 입은 어부가 보인다. 하늘을 손으로 가리키는 순간, 텅 빈 백사장이 어둡다. 흐릿흐릿 보이는 통통배 쪽으로 통통한 몸을 움직이는 그는, 칼칼한 칼날 같은 추위를 배에 싣고 곱은 손을 움켜쥔다. 흐릿한 눈 앞, 햇살이 보이는 순간, 배 위로 발을 뻗는다. 뒤뚱뒤뚱 차가운 조타실에 손이 닿는다. 두꺼운 하루를 연다. 긴 생활고에 시달린, 동상 걸린 추위의 발자국이 새파랗게 파리하다. 언 창문의 낮은 조타실은 지난 세월 그가 살아온 징표 같다.

정거장

햇살 바랑을 맨 스님이 정거장 의자에 앉아 있다.
바랑에 햇볕을 넣으면 관절염은 나을 수 있을까
이제는 절을 떠나 속세의 피부에 닿을 날이 많지 않다.
떨어진 낙엽들은 슬쩍 혀끝에 닿는 깊은 내막
모두 엿듣는다, 가끔은 바람에게 혀끝을 풀어놓기도 한다.
잿빛 승복, 못자국난 적요가 너펄너펄하다.
만성두통 같은 햇살이 스님 머리 위에서 반짝인다.
의자 위, 거친 밤색 페인트 자국은, 속세의 비박한 인간들,
술추렴하는 꼬인 혀 같다.
활엽수 속 참새가 지저귄다.
수행하러 가는 듯 부리를 푸른 산으로 향한다.
스님의 운동화는 오후를 하얗게 씻는다.
바랑에 씻긴 오후를 넣고 빠져나온
씻긴 따뜻한 공기들이 운동화 위에

말갛게 엉겨붙는다.
헐겁게 풀칠한 시간이 흐르고
차가 오지 않는, 스님 마음 같은 빈 정거장은
연신 긴 날숨을 내뱉는다.
어두워지는 정거장, 바람에서 햇살을 꺼내
스님 마음에 비춘다.

성불암[*]에 가다

바람이 흘낏흘낏, 계절의 겨드랑이 훔치는 시간, 한들한들 불어와 발밑에 깔리는 순간, 살짝 갈라진 돌부리 사이 낙엽이 어깨를 걸친다. 희끗희끗 머리칼이 휘날리는, 성큼성큼 흐르는 지금, 갈비뼈 아래가 통통하다. 굴곡진, 실금 그어진, 팽팽한 줄 길게 늘어진 연줄 같은 흔적, 길옆 은행나무 잔가지 곁에 노랗게 웅크린다. 퉁퉁한 은행나무, 훗훗한 바람이 머리채 흔든다. 딱 달라붙은 고독 몇 개 몌별하는 사이, 쇠골 속이 허전하다. 고개 들어 위를 보자마자 구름 사이 햇살이 얼굴 내민다…… 걷고 걸어 절이 보인다.

비어 있는 절은 빈자貧者의 시골 정자 같다.
굴뚝에 연기가 모락모락 피어올라 노을 속으로 빨려든다.
불목하니도 없고 절간 소나무 사이 자분자분
바람이 들락거린다.
문 열린 성불암 대웅전은 주지스님의 푸른 정신이다.

들어가니, 치다꺼리하다 지친 두엄더미 같은 마음속에
플루트 협주곡 들린다.
불전함에 소박한 진실 하나 넣는다.

불심 엮은 염주 옆 놓여진 경전은 손때 묻은 은빛 소리,
멀리까지 얼비춘다.
부처님 황금빛 미소가 회색 방석을 누르고 삼배를 한다.
니스칠한 바닥, 불자들의 반듯한 마음 같다.
대웅전 앞, 성불하지 못한 새 한 마리,
소나무 우듬지에서 불공을 드리다 위산으로 날아간다.
밖이 어둑하다.

고요가 계면조 가락으로 다가오는, 어둠의 깃털을 뽑는
절간에서, 나는.

* 성불암 : 내장사 근처의 절.

독백

얼멍얼멍, 욕망의 나무숲, 촘촘히, 우뚝우뚝 솟아있었네. 마음의 등뼈를 세웠네. 휘적휘적 등뼈가 흔들거렸네. 흔들흔들 바람 따라 갔네. 바람은 푸르름 속으로 자맥질하였네. 파릇파릇 푸르른 시절이었네. 푸른 노래를 입 속에 담는, 어둠을 몇 모금 마시는 시간이었네. 어둠은 붉은 불빛이 드러누운 거리를 밟고 있었네. 검은 동공 속 유곽이 붉은 춤을 추었네. 유곽에 몸을 넣었네. 푸르름이 감전되었네. 감전된 시간이 물고기처럼 파닥였네. 파닥임이 꺼멓게 매캐한 연기를 뿜었네. 매캐한 연기 속 변종의 피톤치드 없는 편백나무만 자랐네.

혓바늘 돋아나는 입속 같은, 통증 없는 간장 질환 같은 욕망의 나무숲.

당단풍나무

어룽어룽 와 닿는 노을빛이 채색되는 저녁, 가을의 혀, 뒹구는 잎잎 끝에 닿는 순간, 시간을 밀고 가던 바람이 긴 의자에 떨어진다. 짙은 밤색 같은 이야기가 잔뜩 눌러앉은 사위 속, 당당한 당단풍나무 하늘 위로 솟아 있다. 뚝뚝 떨어지는, 둘러친 적갈색이 중얼중얼. 빳빳이 고개 쳐든 가로등 아래, 녹슨 못 박힌 의자 끝에 걸친 붉은 눈물 자국, 아슬아슬, 가로등 불빛이 눕는다. 드문드문 벗겨진 페인트가 까칠한 노을의 붓질하는 시간, 슬쩍슬쩍 검은 눈동자 눈을 부스스 뜬다. 딴딴한 쇄골 사이, 팽팽하게 당겨진 낚싯줄 같은 시구詩句들이 빽빽하다.

긴 의자 위에 새겨진 노쇠한 성악가의 아리아 같은, 잿빛으로 바랜 붉은피톨 같은, 홀로 외치는 충혈된 목젖이 걸쳐진 나무 같은.

농심農心

차디 찬, 벌침 같은 바람이 가득한 울퉁불퉁한 길, 내미는 발걸음 밑에 깔리는 뾰족한 자갈이 노을 짓이긴다. 길옆, 아버지 오른쪽 다리의 신경통처럼 논배미에 성근 얼음이 살아 있다. 살짝, 솟은 돌부리 위에 공기가 얼얼하다. 숨 들이마시고 발을 뻗는 순간, 핏빛으로 얼룩진 산등성이 위에 해가 머리를 감춘다. 고개를 돌렸다 보니 먼 시골집 불이 켜진다.

옛날에 부자였다는 노인은
빚보증, 빚돈 주어 재산을 탕진했다는 푸념어린 소릴 한다.
그래도 하냥 푸른 미소 한 움큼 입가에 붙어 있다.
세월의 흔적을 둘둘 말아 올린
파리똥 묻은 누런 전구알이 환하다.
밥상 위에 벌 떼처럼 모여드는 이야기를
그는 털썩 주저앉은 엉덩이에 깔고 있다.

따뜻한 방 공기는 그의 살아온 이야기를 오랏줄처럼 묶는다.
농심農心의 횃대에 걸린 말의 꽃봉오리 바알갛게 번지는 방은
금쪽 같은 공기가 들썩이고
밥상 위엔 주름진 손의 역경이 묻은 밥알이 떨어진다.
그는 역경을 줍는다.
밥상을 치우고
꺼칠꺼칠한 손을 따끈따끈한 아랫목 이불 속으로 넣는다.
아랫목은,
막 꽃망울 터뜨리는
노란 국화 같은,
언제나 그런 방에 있는,

논두렁 한 줄이 구불구불 접혀 있는 노인의 방.

섬

어떤 말을 발설한 적 없는 육중한 체구의 입 속에 혓바늘이 돋아난다.

태생을 기억하지 못하는 파도의 손등에는 전진의 힘줄이 돋아 있다. 팽팽하게 당겨진 힘줄은 수평선의 미소 띤 얼굴 정면을 부셔가며 간다. 힘줄을 당기는 바람은 노동의 젖산 같은 진액이 가득하다. 운명의 이중협주곡을 바람은 연주하는 중이다. 불협화음으로 바다 이마 위에서 테너 섹스폰 불며 고음 음계를 순식간에 짚어 간다. 연주의 손놀림이 빨라지고 쓸쓸한 그의 옆구리를 치는 몸 허파 속이 꺼칠하다.

그의 대화가 부딪는 파도의 입술 속으로
솜사탕처럼 녹아들 때
관중 없는 객석에 인사를 한다.
이중협주곡이 사라진 섬의 옆구리,

평화의 독주곡이 사이사이에 들린다.

대척점의 등뼈 속이 환하다

창문으로 촘촘한 초록 풍경이 보인다.
유리알 같이 빛나는 눈들이 밑그림을 그린다.
동그랗게 울타리 친 햇살이 어린 등살을
긁어 주는 시간이다.

푸른 호루라기 소리가 지친 운동장을 정지시킨다.
솟아오른 공이 허공을 곡선으로 찢는다.
시간을 체크하는 플라타너스, 발이 무겁다.
불어오는 바람의 혀끝이 아픈 관절 사이를 스친다.
여교사 생활 30년을 꿋꿋이 버텨온 세월의 뼈마디가
시큰시큰 마모되어 간다.
넓고 단단한 신발 밑은 그녀의 마음이다.
신발 끈에 교직의 단상이 팽팽히 조여 있다.
파란 하늘, 팽팽한 끈 사이를 어린이들이 뛰논다.

대척점의 등뼈 속이 환하다.

| 제3부 |

풍경소리

풍경소리

낮짝 빳빳한 햇빛이 차갑게 쌓이는, 절간 처마 끝, 풍경이 딸랑딸랑, 옆에 바짝 마른 고드름, 땅을 향해 붙들려 있다. 자비소리, 꺼꾸로 선 고드름의 달팽이관을 스쳐 승방 아랫목까지 왔다. 마른버짐 핀 동자승 머리끝, 쪽빛 파도처럼 출렁인다. 지금까지 퍼짐으로만 살아왔다. 은빛 향으로 절을 더듬는, 더듬이 없는 소리는 동자승 고막 속으로 들어가 허파꽈리를 흔든다. 흔들흔들 들려와 크리스탈 쟁반 위에서 꽃의 왈츠*를 춘다. 밭은기침 콜록이는 동자승, 허리춤 들어 올리자 바람에 딸려오는 가느다란 공양주 목소리, 적막을 찢는다. 입술 위에 밥알이 달라붙는다. 밥알을 훔치며 자비소리 하나 떼어낸다.

자비소리는 바람에 묻어 햇빛에 채색되는, 고요의 쇳대를 끊임없이 여는, 은어의 퍼덕거림!

*꽃의 왈츠 : 차이코프스키 호두까기 인형 중 발레 모음곡 8번.(가상 현란하고 웅장함).

입동

먼 길을 걸어온 바람이 청소차 냄새를 따라가며
코를 실룩거리는 새벽이다.
쓸모없어지면 버리듯 다친 허리 만지는
청소부 아저씨는 실직이 두렵다.
오늘도 터질 듯 청소차는 배가 볼록하다.
흙이 닥지닥지 묻은, 색 바랜 녹색 페인트의 청소차를
언제부턴가 그는 닮아 가고 있었다.
사글세, 전셋집, 긴 시간 지나온 칙칙한 새벽바람이
곱은 손등 위에 차갑게 닿는다.
그의 새벽은 세상을 닦는 자의 엉치등뼈 결림이다.
일찍 일어날수록 마음의 통점은 일찍 시작한다.
쓰레기봉투 밖으로 가족 생각이 튀어 나오기도 한다.
낡은 빗자루는 구부정한 그의 허리뼈다.
꽉 쥐어 살아온 가난을 쓸어내던 빗자루
이번 겨울마저 쉽게 쓸어낼 수 있을까
12월을 짐칸에 던져 올리자, 운전수 뒤를 돌아본다.

힘겨움에 짓눌렸던 바퀴가 움직인다.
딛고 있는 발판에 올라서면 더 넓은 세상이 보일까
움켜진 손으로 불끈불끈 새벽을 잡아 싣는다.
입동의 찬기마저 싣고 나면 해가 떠오른다.
가득 찬 짐칸은 잘름잘름 젖산이
흐르는, 그의 볼록한 팔 근육 같다.
햇살 한 움큼, 탁 분질러 빈 곳에 쑤셔 넣는다.

꺾어진 우산

천천히 걷는 말발굽 소리 들으며,
노란 국화 꽃봉오리 터트리는 것 같은 방에 앉아
후덕한 동공으로 창을 문지른다.

사각으로 각진 정물화, 빗물이 알몸 같은 구석구석을 핥는다.
흐벅진 곳을 물방울이 군데군데 잡고 있다.
바람이 신음하는 뜰 앞, 교통사고 난 건장한 청년의 절뚝거림 같은
꺾어진 우산이 널브러져 있다.

청춘의 굄돌이 까닭 없이 무너진 것 같은 우산,
애무하는 창밖, 뾰족한 미늘처럼 정물화를 갈고리바늘로 훑는다.

꺾어진 창밖의 상처는 만성질환의 중년 가슴에 못질하는,

디스크에 걸린 척추 같다.

우산을 반듯이 펴 방 안 우산꽂이에 넣어둔다.
반듯한 우산살, 디스크를 이겨낸,
웃고 있는 어느 중년의 입가 주름살이다.

효孝

시간의 실강지, 줄줄 감긴 막초 같은 먹먹한 기억, 막 고희古稀 지난 노인의 굵은 주름 사이 촘촘히 적혀 있다. 꼬나문 담배 연기, 논뙈기 쟁기질 하는 노쇠한 황소의 하품이다. 너펄너펄한 모시옷, 효도하는 자식 마음이다. 쭉 솟은 전봇대가 노인의 등을 기대고 있다. 담배 연기 사이, 철렁철렁, 철가방에 북경반점 적힌 오토바이 지나간다. 철가방은 굳은 살 박힌 발바닥. 밥풀 묻은 입술, 효도하는 빈자貧者의 식솔 같다. 두툴두툴 자갈 깔린 길바닥 옆, 노인은 구깃구깃 접혀진 신문지 같은 장터 한 구석 깔고 앉아, 멀뚱멀뚱 바라본다. 울퉁불퉁한 자갈은 불끈불끈 그의 시린 엉치등뼈 만진다. 담배를 끄자마자 눈 앞, 할머니, 고단한 삶 엮은 굴비 들고 절뚝절뚝 걸어간다. 울컥 떠오르는 막베 같은 과거, 불뚝, 촌로村老의 갈빗대 사이 스친다. 길 옆, 잠깐, 묵적하다. 고개 돌려 사방을 보는 사이, 누렇게 바랜, 군데군데 찢어진 쥘부채 펴자마자 먼 곳에 큰딸이 보인다. 파란 모가 촘촘히, 반듯이 심어진

못논 같은 머릿결 흔들며 온다.

파릇한 새순 같은 시장통, 큰딸이 뽀송뽀송한 하얀 손 내밀어 헤진, 뭉뚝한 손을 잡는 순간, 가슴에 나비 한 마리 날아간다. 큰딸의 손은 정원의 향나무 같은, 쪽빛 파돗물 같이 출렁이는 은빛 나비 날갯짓.

계단

혹독한 인내를 언 땅바닥에 뭉뚝뭉뚝 묻고 매서운 공기는 새벽을 빼죽빼죽 세운다. 우유배달 아줌마, 보들보들한 흰 장갑 낀 손으로 옅은 어둠을 깨끗이 닦는다. 고장 난 엘리베이터는 그녀의 옹골찬 생활 속, 시린 뼈마디 같다. 차디 찬 숨소리는 낡은 서민 아파트 계단을 힘겹게 오른다. 계단은 질긴 밧줄로 엮어진 우윳빛 발자국이 쿵쿵 찍힌다. 꽉 다문 입술 속에 빼곡히 쌓이는 추위가 옹송그린다. 흰 장갑 낀 손을 뻗어 우유를 넣는 순간, 갑자기 문이 열린다. 빠끔히 고개 내미는 할아버지, 까끌까끌한 수염, 헝클어진 머리는 따끈따끈한 밤의 짙은 이야기 같다. 부스스 뜬 눈, 계단 위 차가운 촉감을 따뜻이 비빈다. 쭈글쭈글한 얼굴을 감추고 문이 닫힌다. 계단에 발을 내밀어 딛는다.

새벽녘, 치열한 경쟁이 살아 숨 쉬는 층계, 추위의 허공을 발로 차며 오른다.

목숨이 목숨을 위로 걷어차며 질경이 같은 공간, 발끝에 어둠이 차인다.

추위 속, 어두운 층계는 입술 부르튼 서민의 시리디 시린 절개지 같은, 쇠줄 같은 의지의 심지에 성냥불 붙여주는, 팽팽히 당겨진 허벅지의 힘줄 같은.

동심童心

쿠바오* 골목길, 웅성웅성 허발을 하는 아이들, 입 속에 고이는 말들이 꺼칠하다. 휘갈겨진 낙서가 닥지닥지 달라붙은, 거무튀튀한 벽, 퀴퀴한 냄새 가득한 사위 속, 순진한 숨소리는 땅바닥에 깔린다. 휘둥그레 눈을 뜬 아이, 어스름한 저녁의 귀를 바짝 세운다. 눈곱 낀 눈을 만지는 순간, 쫙 벌어진 입가에 파란 웃음 한 소쿠리 가득하다. 후텁지근한 저녁, 말라비틀어진 판자 조각으로 엮어진, 키 낮은 담 너머 키 작은 빼빼한 사내, 타닥타닥 슬리퍼 신고 온다. "할리까 디또"*. 헐렁헐렁한 반바지를 입은 아이, 삐죽한 뻐드렁니 드러내며 뛰어간다.

이젠 골목길이 조용하다.

무미無味의 식어버린 화차花茶가 담긴 헌 놋찻잔 같은, 늙은 처녀 같은 골목길, 동심童心이 에돈다.

*쿠바오 : 필리핀 마닐라 쿠바오.
*"할리까 디또" : "이리 와"의 타갈로그어.

푸른 오후는 생각의 껍질을 무두질한다

햇빛에 찔려 피 흘리는 밤송이
입술 꽉 깨문 날에,

초경을 막 겪은 소녀 같은
하늘에 멍이 유난히 짙은 날에,

수정처럼 사라지는 흔적을 못내 아쉬워하며
계곡 사이 청잣빛 울음이 큰 바위에 파랑치는 날에,

깨끗한 운동화 곁에 두고 흙 묻은 맨발로
물수제비 뜨는 어린이를 보고 있는 날에,

1.
딛고 선 발자국이 나의 체중을 감당하지 못하고
무른 바닥을 으깨고 있다.
생각이 마음속 좁디좁은 낭하로 흘러

실핏줄 타고 온몸을 휘 돈다.
가슴뼈 산 속 갇은 생각의 껍질이 거칠다.

2.
가을을 지나는, 눈앞의 뾰족한 산등성이를 식겁한 얼굴로 넘어간다.

염색 중인 붉은 머리를 치렁치렁 보이며 앞산이 크게 울고 있다.

목이 마른 새가 물을 찾으며 창공을 푸르게 찢는다.

마음을 걸어 놓은
10월의 엉치등뼈를 만지는,
생각의 껍질이 오돌토돌하다.

푸른 오후는 생각의 껍질을 무두질한다.

개화開花

며느리밑씻개란 어처구니없는 이름의 꽃도*, 꽃일진대, 홀쭉한, 듬성듬성 이빨 빠진 시어머니의 등살이 뾰족하게 하얀 이를 드러낸다. 잠깐, 생각하는 사이, 홀랑 벗은 햇빛이 방금 꽃망울 터뜨린다. 속살 드러낸 햇귀 같은 작은 꽃, 너는 황홀한 아프로디테*. 망막의 전율, 혈관에 금빛이 급회전한다. 오금이 짜릿하다. 덩달아 꽃이 필 것 같은 파닥이는 심장 속, 울렁인다. 햐, 이 오르가즘!

피는 꽃이 화엄의 기둥을 세우는, 역병처럼 번지는, 돌부처 미소와 같은, 그런.

*김종미 「꽃은 언제나 진다」의 시에서 인용.
*아프로디테 : 미와 사랑의 여신(비너스).

호접

꽃이 피었다.

꽃이 피기 까지,
계절의 층계를 오르며 무관심 속 오롯이, 살아온 살사리
꽃.

그 연약한 몸으로 어둠의 부축을 받으며 산통 이겨낸
산모는, 울음 터트렸다.

아침 되어 호접이 날아왔다.

지난 밤 일은 알지 못하는, 접신하듯 날갯짓하는, 호접, 호
접은
내 눈에 미美의 아편주사를 놓았다.

호접이 날아갔다.

날아간 자리에 천연덕스레 웃고 있는 꽃술 위,
햇빛 몇 되 퍼부으며 밤의 통증 위로하는 시간,
꽃술의 금빛 촉감, 미각의 달콤함을 잃어버린 낭패감 뒤로 하고
날아갔다.

나는 상자 속 핀으로 박혀 박제된 호접을 그저 보고 있었다.
살아 날 것 같았다.

길옆에서 꽃술을 유심히 바라보았을 때였다.
눈에서 시위를 당긴 화살이
꽃술에 명중되는 순간마다— 번쩍번쩍 빛나는 불꽃놀이.
이미 호접은 날아가 없고
나는 금단증상 없는 美의 중독자가 되었다.

미美의 중독자인 나는 생각했다.
달콤했던 꽃술도 머릿속에 박제됐을 것이라고.

생生, 가벼워지다

해가 꾸벅꾸벅 몸을 낮추고 있다.

산등성이 위, 노을은 목청 돋우는 바알간 튜바 소리로 들판을

쓱싹쓱싹 핥는다. 날아가는 새의 날갯죽지가 힘겨움 게워 낸다.

노인이 논에서 집으로 걷는다, 늘어진 어깨에 지나온 삶의 쇠죽 같은

회한이 똬리를 틀고 있다. 횡격막 사이 비바람 스친다.

흙이 범벅인 장화를 신고 철거덕 거리며, 녹슨 대문을 열고, 우물가로 간다.

끈적끈적한 발바닥, 생生의 저울 눈금이 가장 높은 곳에서 멈춘다.

장화를 벗으니 뭉툭뭉툭한 발가락 꺼칠꺼칠하다.

땀이 밴 허름한 옷, 하루의 투박한 숨결이다.

끈끈한 공기는 모든 것에 단단히 붙어 있다. 그의 하루가 홍시처럼

물컹물컹 씹히고 피로가 혈관을 타고 돈다. 땀이 범벅인
얼굴을 땅으로
숙이고 수도꼭지를 돌린다 허름한 옷을 벗고 몸을 씻으면,
피로는 물 빠진 방죽이다.
옷을 주섬주섬 걸치고 저녁은 검게 그을린다.
꾸들꾸들한 몸, 생生의 저울 눈금이 낮아진다.
불빛 머금은 마루는 그의 몸을 걸친다.

망가진 첼로

사내의 목에서 쇳소리가 난다.

현이 풀린, 벌어진 입이 공명통처럼 불협화음 쏟아낸다.

목젖이 충혈되고 불콰한 얼굴,

코를 벌름거리며, 입을 손으로 훔친다.

엉덩이를 받친 땅을 주먹으로 덥석덥석 내리친다, 땅은 거머리 같은 몸을 지게 지듯 지고 있다 살아온 냄새가 묵직하다.

하늘의 보름달이 휘영청, 황색 공기가 축 쳐진 몸을 핥는다.

와이셔츠 단추, 구두끈은 취해서 풀렸다.

달빛이 가슴팍에서 흔들린다 텅 빈 마음의 뼛속이 바알갛다.

마음속 허무의 갈대가 바람 부는 대로 휘청인다.

주저앉은 길섶, 쭉 뻗은 다리에 풀벌레 한 마리 기어간다.

밤이슬이 옷을 적시고 축축한 땅에 손바닥이 닿는다.

세상과 한 번도 화음을 이뤄보지 못한 남자의 육중한 몸이
길가에 비틀비틀 앉아 있다. 자신의 삶을 팽팽하게 조율하지 못하고
어둠 속에 방치하고 있다. 아직도 뱉어내지 못한 사내의 생生이 입 속에서
음표처럼 고여 있다. 이슬 젖은 엉덩이를 세우고
어둠 속 거친 무반주 첼로음, 입에서 달 쪽으로 번져 가며 길 잃은
몸을 귀신처럼 따라간다.

통점

비가 올 듯 하늘이 잿빛으로 낮아진다.
산기슭의 솔붓꽃이 긴장하고
주린 발의 음험한 바람, 발톱이 더욱 날카롭다.
예후豫後가 좋지 못한 비의 통증이다.
구슬픈 변주곡을 들려주는 빗방울이 떨어지고
솔붓꽃잎 이마를 건드린다.
꽃잎 위, 빗방울이 굴러 밑에 낙엽 위로 흐른다.
낙엽이 빗물 따라 흐르고
내리는 비 사이,
흐느끼는 첼로음으로 가슴팍 열어젖히는
왜바람 분다.

창 밖 감나무 가지 위 새 한 마리가
비바람 속 침묵하는 낮은 산 쪽으로 날아간다.
고개를 잠깐 돌렸다 보니 점점으로 작아진다.
새는, 꽃들의 깊고 깊은 산통産痛, 알고 있을 게다.

어느 날 화들짝, 놀라 핀 꽃은
아픈 비 맞으며 꼬리 위로 쳐든다.
새는 비바람 허파 속,
살아 있는 것들, 시린 엉치뼈 어루만지며 날아간다.

장미

계절의 계단을 오르며 불어오는 바람의 흉부,
5월의 담벼락을 타고 붉게 타오른다.
빨갛게 고개 든 얼굴, 심장 감아쥐며 숨골 친친 감는다.
옆엔 고개를 반듯이 한 아이가 서 있다.
시선의 블랙홀,
위로 솟은 감각의 자물쇠를 열어
달아오른 오르가즘의 끝에 있다.
눈은 교성을 지른다.
울렁이는 늪, 짜릿하다.
감전시킬 듯 빨간색 발전소는 쉬지 않고 돌고 있다.
고압의 전기를 뭉텅뭉텅 품어낸다.
세월의 턱에 손을 괴고 쇳줄처럼 바라본다.
봄볕 아래 장미가 하혈하여
레드와인빛 부르짖음이 홍건하다.

| 제4부 |

벚꽃축제

무덤 곁에 평화초平和草가 자라다

여백을 흔들고 신음 소리 묻혀 가며,
티 없이 맑은 허공을 손으로 할퀴어 간다.
앞에 놓인 공간을
발기된 힘의 투명으로 머리채 흔들며 나아간다.
태어나서 퇴각의 꼬리를 흔든 적 없는 흉포한 바람은
척추뼈를 곧추 세우고
상처 한 번 없이 부딪치는 모든 것을 핥는다.
창백한 눈동자로 쳐다보는 공간 속을
파고드는 거대한 힘의 뼈가 굵다.
굵은 뼈가 점점 가늘어져
사라지는 종착의 무덤 곁엔
평화초平和草가 무성히 자란다.

노스텔지어

우주에서 본다
푸른 빛으로 고혹하게 떠 있는 지구,
그 안에서 깨금발로 버들개지 꺾으며 한 아이가
노을빛 쟁이고 있는 시냇물을 본다.
눈앞을 부지불식간에 스친 빛은 태양에서 출발하여
달을 거쳐, 한 사람이 사색에 잠겨
바라보는 이깔나무 잎에 교교히 비춘다.
중력이 없는 허공에 소리 없이 떨어지는 유성들은
밤하늘의 헛기침으로 뱉어진, 침샘에 가득 고인
단침의 튀김이다.
무중력의 나는 리버럴리즘의 심장 끝에 피는 꽃 위,
입술을 대고 가끔은 달빛 쪽으로, 가끔은
푸른 빛 도는 지구 쪽으로 곁눈질한다.
오래 담고 있어 푸르러진 눈빛은
지상의 옛 고향 감나무 우듬지에 푹 꽂힌다.

생각의 화살촉 하나 별빛에 곱게
채색되어 지금까지 살아온 인연의 부드러운
살결 위에 닿는다.

비가悲歌 · 1

지상 위 슬픈 몸 던지는 비가
나직나직 재잘거리고
꽃잎 아래로 자박자박 들어오는
바람의 선홍빛 혓바닥, 야들하다.
봄비 요들송에 맞춰 빌밑에 밟히고
초록의 허파 속 가지런히 남는다.
비 그친 하늘, 퍼렇게 멍들고
길 옆 국수나무 잎들 위 빗방울이
갓 태어난 아기 엄마 젖 빨듯
햇빛을 빨고 있다.

멀리 보이는 산은 붓꽃이 피어 있고
꽃이 천식하듯 듬성듬성 아우성이다.
꽃잎이 모두 떨어져 산은 운다.
떨어지는 눈물은 푸르름으로 후릿그물 친다.

희비喜悲의 등짝이 푸르다.
산 중턱 나무, 허리춤 올리니 아랫도리 탱탱하다.
나무 사이 초록빛 햇살의 갈피에서 돋움질하는
늦은 봄의 발이 하얗게 뽀송하다.

반反-마모니즘*

시기동 골목길 상가 옆
밤눈에 눌려 있는 폐지들,
눈을 털어 리어카에 싣는다. 밤눈의 무게가 무겁다.
추위가 엉겨 붙은 구석을 뒤지며
힐아버지 굽은 손, 가로등 불빛마저 싣는다.
시린 골반 뼈, 이마의 깊은 주름은
세월의 결에 묻은 상흔이다.
기초생활수급대상자, 살아온 지 60년이다.
쓰러진 울대 같은 시계추는 바쁘게 진자운동 한다.
언 길바닥에서 맞이한 회갑은 새벽이 유일한 하객이었다.
숨이 차오르는 리어카, 마모된 바퀴는 흙이 듬성듬성 붙어 있다.
바퀴 밑 뿌드득뿌드득 밟히는 눈은, 선을 긋는다.
흙은, 눈에 씻기며 스러진다.
복부 아래 파고든 차가운 손잡이, 삶의 치열한 파편 덩어리이다.

새벽 공기 툭툭 건드리며 끌고 가는
리어카, 아침 햇살 가득 차 온다.
가득한 폐지 위를 에도는 마모니즘에
짓누르는 가난이, 저릿저릿하다.
노인의 갈빗대 사이로 쓴 바람 스민다.

* 마모니즘(mammonism) : 황금만능주의.

벚꽃축제

군중 속 엿가위 허공을 싹둑싹둑 자른다.
부딪는 소리는 웅성거림 속 높은 음계로 휘젓는다.
귓바퀴에 에도는 난장의 음파가 시골 벚꽃축제 장터
머리 위 까치발로 높이 서 있다.
길 옆 좁은 구석에 자리 잡은 한 사내, 어두운 듯 전선을 달아
부지런히 움직인다.
방금 핀 벚꽃, 흥이 오르자
품바타령에 맞춰 엿가락 자른다.
사각 엿판 위 막대기에 달려 있는 전구의 달팽이관은
품바타령 연신 듣고 있다.
전구 속 텅스텐은 빛을 발하며 가로수 밑을 슬쩍슬쩍 훔친다.
술에 취한 노랫가락 붉게 퍼지며
누더기에, 벙거지 쓴 사내는 서늘한 어스름의 머릿결 빗는다.

취기는 어둠에 어둠은 불빛에 비틀거리고
품바는 헛바늘 돋는 손아귀로 엿가위 흔든다.
사람들이 사라진 장터,
어둠이 벚꽃에 앉는다.
점점이 뜬 별이 박히고 가위소리 숨을 멈춘다.
벚꽃축제, 빈 의자 위 찬 바람이 척추를 꺾고 앉아 쉬며
꼬나문 담배 한 대, 품바의 하루가 타고 있다.

성불암에 다녀오다

산의 초입은 시린 청잣빛이다.
숲이 깊어갈수록 나무들은 주머니에서
짙은 잎들을 꺼낸다.
물결이 없는 호수는 멀리서도 경건하다.
목어의 정신이 허공 깨어 있는 절집,
지은 죄가 많은 새는 승방 스님의 녹차 따르는
소리 배운다.
굽은 소나무 하나 스님 말을 듣는다.
에메랄드빛 말씀은 풍경 따라 흩어지고
보왕삼매론을 강조하시는 입가를 보면,
굽은 등에 금빛이 돋는다.
심연의 말 속에 꽃차가 달리고
업을 한 겹 한 겹 벗겨낸다.
푸른 나뭇잎 사이로 햇살이 땅 위에 말씀을 쓰고
읽지 못한 글자 몇 개 절집의 가지런한 머릿결에 꽂아둔다.

푸른 산과 성불암 사이 경건함이 은색 띠를 두르고
몇 개의 주옥같은 말씀, 지는 햇살에 적어서
띠를 뚫고 회색도시로 떠난다.

어떤 것들, 미립자의 어두운 업해業海의 성城이다

성에 낀 유리, 찬바람이 닥지닥지 붙어 있다.
붙어 있던 찬바람이 녹기 시작한다.
녹는 아이스크림은 사라짐을 생각하며 슬픈 눈물을 땅에
뚝뚝
떨어지는 눈물, 물 미립자의 어두운 업해業海의 城성이다.

무너지는 돌 쌓고 쌓아 만든 성곽은 흔들리는 철벽요새,
요새는 허술한 전쟁터, 전쟁터는 폐허덩어리
폐허 덩어리, 폐허 미립자의 어두운 업해業海의 성城이다.

오후의 빛 덩어리 수풀에 내려앉아 고독을 머금고
밤이면 별빛 덩어리
성운 속에서 외로운 사랑의,
외로움의 상처는 아물기 전 낫는다.
외로움은 외로움을 치유하니까

외로움 덩어리, 외로움 미립자의 어두운 업해業海의 성城이다.

성불암

아침 햇빛이 낱알로 차곡차곡 쌓이는 대웅전 지붕에
불경 읽는 소리 푸르다.
절은 시를 쓰고 있는 듯,
주지스님은 108배를 드리고
목탁소리 가뭇없다.
절 마당에 돌들은 가지런히 모여 스님 소리 귀 담아 듣고
새 한 마리 바지랑대 위에 앉아 아침을 쪼고 있다.
핏빛 단풍나무 한 그루,
은빛 햇살 충혈되고
소나무들 사방에서 푸른 아우성이다.
이 아침 절은,
아도니스의 눈빛을 바라보며
프레야 눈물* 흘린다.
자작나무 숲을 지나
부에노스아이레스 플로리다거리를 거닐다.

물 속의 은어들 은밀히 속삭이고,
가끔은 시베리아 설원의 한가운데 놓이기도 한다.
봄볕은 고요의 층계를 지나 몇 개의 목탁소리 듣는다.

성불암의 아침,
촘촘한 공기가 푸르름 속으로 자맥질한다.

* 프레야 눈물 : 북유럽 신화에 나오는 사랑과 미의 여신 프레야가 남편을 찾아 전 세계를 다니며 흘린 눈물. 이때 흘린 눈물이 전부 황금이었다고 함.

정토사*

위로 뻗은 경사 길을 오르니 석가모니 자비롭게 반기고
개 한 마리 편안히 절 마당에 앉아있다.
발자국 소리에 귀를 세우고,
절은 하얀 정적이 주저앉아 공양주의 스치는 소리에
귀의 고막은 소스라친다.
햇살이 정적 속에 가슴을 묻고 머리 풀어 헤쳐 싱그럽다.
절은 봄볕에 하품하며 나의 발걸음에 눈이 휘둥그레 커졌다.
주지스님을 크게 부르니
"어! 누구여."
문을 열고 고개를 빠끔히 내밀며
햇볕은 스님머리에서 반짝인다.
"어이 들어와." 항상 하시는 말씀이지만 정겨움이 에돈다.
문을 열고 들어서니 노스님이 녹차를 마시고

오디오에서 클래식 선율이 흐른다.

절은 푸르고, 햇살은 푸근한 정이 스며 전체를 품어 안고 방 안은 잘 정돈된 다기세트와 클래식 선율에 훈훈함이 잠에 취하고 공기 마져 선율에 젖어 눈을 살짝 감고 있는 지금,

살풋, 행복함이 앉아있는 무릎 앞에 다가와 마음 휘 젓는다.

노스님 말씀에는 오래 묵은 맛깔 나는 음식향이 코끝에서 쉼 없이 맴돈다.

백설 같은 말씀은 계속 이어지고.

* 정토사 : 정읍시 정우면에 있는 절.

바람과 추위의 차이

바람은 옹골차다.

바람의 힘줄은 단단해서 부서지질 않는다 .

바람은 공간을 훑으며 나아가고 스친 모든 것은,

바람이 넘어지면 윙윙거리며 거친 숨을 들이키고

앞바람과 뒷바람 사이가 달라붙어 계속 넘어진다, 그 자리에서는

바람의 갯수를 셈하는 나무도 지쳐 흔들리며 잠에 취한다.

바람은 출생지에서 이곳 까지 험하게 달려 왔는데 흉터 한 곳 없다.

바람이 추위와 눈을 데리고 왔다.

싸늘한 추위는 자라 등처럼 단단한 우리 집에도 파고든다.

추위는 눈을 마구마구 게워내고 모든 것을 들이 삼킨다, 햇볕까지도

바람과 추위는 동고동락하며 친해진다.

추위는 옹골차다.

추위의 힘줄도 단단해서 부서지질 않는다.

추위는 스치는 모든 것을 훑지만 불어 넘어지거나 엎어지질 않는다.

바람과 추위의 차이이다.

단풍

화들짝, 충혈된 볼들이 바람의 귓바퀴에 귀띔한다. 귓결에 듣는 말, 귓전으로 듣는 젊은 날들의 울먹임. 촘촘히 짜여진 얼룩의 교직交織으로 빚어진, 적갈색의 응결된 눈물, 호수 위 낙엽이 출렁인다. 타오르는 촛불 같은, 긴장된 심장 속 쿵쾅쿵쾅 울린다. 오소소 하늘 비늘이 빨갛게 떨어지는, 철렁철렁 가슴에 와 닿는 너는, 어둠 속 와르르 쏟아지는 유성처럼 새 하얀 낮, 빛나는 울음통이다. 울음통에 눈빛이 꽂히는 순간마다 뭉텅뭉텅 쏟아지는 환희!

적갈색 환희는 열반적정涅槃寂靜 속, 번뜩이는, 마알간 봇물의 찰람거림 같은.

|해설|

'몸'으로 생각하기, 아니 살아가기

백인덕 | 시인

1. '몸'으로 생각하기

표상을 만드는 방식에서 감각하는 것과 외적 자극이라는 두 가지 요소를 고려한다면, 우주의 나머지 부분들로부터 그것들을 고립시켜 버릴 수가 있다.

고은산 시인의 첫 시집, 『말이 은도금되다』는 시세계를 다루는 여러 층위層位들, 가령 시의식, 시적 인식, 시적 현실의 구성 원리 등과 시 작품을 형성하는 세부적 계열系列들,

가령 은유나 환유의 직조織造 유형, 이미지나 상징, 아이러니나 알레고리 등에서 하나의 '중심축'을 세우면 나머지는 시적 우주의 바깥으로 밀려나버리게 될 수 있다는 것이다. 서로를 '고립'시킨 채, '파편'으로 부유浮游하게 될지도 모른다.

> 심장 끝 울음 이파리, 주렁주렁 매달린 포도송이처럼 빽빽하게 가슴팍에 움트고 있었네. 무럭무럭 자라 목젖까지 다가와 성대 결절이 되었네, 치밀한 울음의 엽록소, 분노의 외피外皮, 화끈화끈 광합성을 하였네. 철럼철럼 울음통이 목젖 적셨네. 결절된 성대로 울먹였네. 들쑥날쑥 분노의 몸빛이 변했네. 분노는 울음 속 출렁이는 강물이었네. 바짝바짝 마르는 바닥에 울음이 비어 갔네. 텅 빈 바닥에 꽃이 피었네. 꽃이 흐드러진 강물에 쪽빛 심장이 파닥거렸네. 결절된 성대는 꾀꼬리처럼 울렸네.
>
> —「분노, 꽃이 될 수 있을까」 부분

신체와 '몸'은 어떻게 구분될까? 언어적으로 같은 지시대상을 지목하는 거의 유사한 '의미'지만, 엄밀하게 나눈다면 '몸'은 신체에서 머리와 사지四肢 부분을 제외한, 일반적으로 '몸통'이라는 의미와 가깝다고 할 수 있다. 그러나 이때의 '몸'이란 철학적 측면에서 실존을 담보할 수 있는 기초이거나 사회, 경제적으로 '욕망'의 '대상'이면서 '근거지'인 그런 '몸'이 아니다. 아마도 이 '몸'은 살과 근육과 뼈와 여러 내장 기관들로 이루어진 '유기체' 정도의 수준에서 이해되어야 마땅할 것이다. 그러나 이러한 일반적, 상식적 이해가 바로 고은산 시인의 이번 시집의 시적 특질을 이룬다. 이것은 모순이거나 역설이 아니라, 새로운 시도이며 발견이다. 그 이유를 생각해 보는 것이 이 글의 방향이고, 목적이 되어야 할 것이다.

절대 가시적으로 확인할 수 없는 '심장'에 '울음 이파리'가 있고, 거기에 '분노'가 '포도송이'처럼 매달려 자라 '가슴팍'이 빽빽해지고, '목젖'까지 자라 '성대결절'이 되었다고 시인은 '분노'가 치솟는 과정, 아니 이렇게 쓸 수 있다면 '감정'인 '분노'의 "생물학적 진행 경로"를 '시'를 통해 보여주고 있다. 그리고 끝내 그 '분노'가 몸 밖으로, 즉 "결절된 성대로 울먹였을" 때, '꽃'이 될 수 있을까, 시인 스스로 되묻고 있다. 결국, 시인은 '심장'의 '분노'가 몸 밖의 '꽃'으로 전환轉換되는 놀라운 기적을 보여주고자 하는 '의도'를 가지고 있는데, '꽃'의 의미는 뒤에서 다시 세심하게 생각해 보기로 한다.

이처럼 고은산 시인은 '몸'을 생각을 담는 '그릇'이거나, 생각이 빚어지는 '제조 공장' 등으로 생각하지 않고, '몸' 자체로부터 '생각'이 발아發芽, 생장生長, 소멸消滅하는 과정에 시적 애정을 기울인다. 폄하하자면 시인의 사유가 지나치게 '즉물적卽物的'이라거나, 시적 인식이 '몸'을 벗어나지 못하고 있다고 다그칠 수도 있겠지만, 이러한 '폄하貶下'는 다음과 같은 작품을 통해 일거一擧에 불식될 수 있을 것이다.

빈 집의 처마 끝에서 달그락거리는 발자국 소리에
괘념치 않고 하룻밤, 뜬 눈으로 없는 길을 돌아다녔습니다.
오래된 커튼이 유난히 큰 웃음 짓는
빛의 기척에 축 처져 있습니다.
먼지 묻은 유리창 틈으로 아이들이 보입니다.
자갈 사이에 끼인 별빛 하나를 한 아이가 발로 걷어찹니다.

별은 아이들을 바라보며 시냇물 속 텀벙거립니다.

작년에 빛을 비추던 별은, 지금 할아버지를 떠오르며
샛바람에 나부끼는 하나 남은 이파리처럼
바위섬이 되었습니다.
별은 윗집 새아낙 아기 낳는 소리, 조팝꽃 피는 소리,
도야지 새끼 낳는 소리 모든 것을 기억합니다.

빛나는 별들은 촘촘한 기억의 열매입니다.

—「별들은 촘촘한 기억의 열매이다」 부분

고은산 시인이 정말로 그렇게 '즉물적'이고, '몸'의 테두리 안에 갇혀 있다면 '몸'을 잃어버린 후, 즉 사후死後에는 영원히 아무 것도 기록될 수 없다는 비극적 인식을 드러내야만 한다. 그러나 위 작품은 "작년에 돌아가신 할아버지"가 '별', 보다 정확히는 '별빛'이 되어, 생전生前의 집과 마을을 유쾌하게 돌아다니는 상상적 풍경이 그려져 있다. 그것은 사실은 실제(actuality)가 아니라 기억일 뿐이지만, 아니 '기억'할 것이란 살아남은 자들의 다른 '기억'일 뿐이지만, 그 '기억'은 비탄이나 슬픔을 지나 유쾌한 미래를 예상한다.(물론 이는 시인의 종교적 성향 탓도 있겠지만, 이에 대해서는 이 글에서만큼은 언급하지 않고자 한다.) 얼마나 유쾌한가? "윗집 새아낙 아기 낳는

소리, 조팝꽃 피는 소리,/도야지 새끼 낳는 소리"를 기억하는 '별'이 있다니.

그런데 '몸'은 그 추상적 개념을 해부解剖해 들어갈수록 오히려 복잡해지는 여러 단계의 '실체'를 만나게 된다. 더욱이 '사람'인 바에야 그 '곤란'은 더 말할 나위가 없을 것이다. 이를 이번 시집, 『말이 은도금되다』에서 드러나는 바대로 정리해 보고자 한다. 고은산 시인은 '살-근육-뼈대'로 구성된 '몸(내장기관을 포함)'을 통해 기원-좌절-재시도 하는 시인의 절망적 행로를 보여준다. 그 지향점은 '꽃'에 있지만, 우선은 해부의 역순으로 시적 인식의 진행경로를 탐색해 보기로 한다.

2. '시린 뼈'로 세상에 서기

누가 모르겠는가? '뼈'가 인간을 직립의 존재로 만들었고, 뒤로 꺾이는 목뼈가 하늘(이상)을 보게 했으며, 이 유연한 관절들이 오늘의 문명을 이룩했고, 그 감당할 수 없는 성취에 눌려 현대인 모두 등뼈가 굽어버렸다는 것쯤이야. 하지만 인간의 진정한 어리석음은 '잘 안다'고 믿는 사실로부터 끊임없이 자신을 스스로 '격리隔離'하는 데서 일차적으로 발생된다. 더 이상 '뼈'는 몸의 '골격'이 아니라, 사회적 위상이며, 개인적 성취의 표지標識에 지나지 않는다. 비록 시인의 작품에서 이러한 현상에 대한 직접적 비판의 목소리는 들을 수 없지만, 한편으로 고은산은 이를 우회하는, 에둘러 말하는 방식을 통해 보다 극명하고 절실하게 보여주고 있다.

> 얼멍얼멍, 욕망의 나무숲, 촘촘히, 우뚝우뚝 솟아있었네. 마음의 등뼈를 세웠네. 휘적휘적 등뼈가 흔들거렸네. 흔들흔들 바람 따라 갔네. 바람은 푸르름 속으로 자맥질하였네. 파릇파릇 푸르른 시절이었네. 푸른 노래를 입 속에 담는, 어둠을 몇 모금 마시는 시간이었네. 어둠은 붉은 불빛이 드러누운 거리를 밟고 있었네. 검은 동공 속 유곽이 붉은 춤을 추었네. 유곽에 몸을 넣었네. 푸르름이 감전되었네. 감전된 시간이 물고기처럼 파닥였네. 파닥임이 꺼멓게 매캐한 연기를 뿜었네. 매캐한 연기 속 변종의 피톤치드 없는 편백나무만 자랐네.
>
> 혓바늘 돋아나는 입속 같은, 통증 없는 간장 질환 같은 욕망의 나무숲.
>
> —「독백」전문

두 개의 대립항이 있다. '욕망'과 '등뼈', 왜 대립적인가? '마음의 등뼈'를 세우는 작업이 "욕망의 나무숲"을 헤쳐 나가는 '방법, 방식'이라고 믿었던 시인의 '욕망'에서 비롯되었기 때문이다. 그러나 그 '등뼈'는 곧 흔들거린다. '바람' 때문에, 주지하다시피 '바람'은 음성적 동일성에도 불구하고 두 개의 별개의 의미를 갖는다. 일반적으로 자연적 기후 현상으로서의 '바람'은 '시련'이라는 '상징적 의미'를 실어 나르기에 바쁘다. 반면에 비록 한사어지만 '바람希'은 시련 속에서마저도 빼앗길 수 없는 '희망'의 의미를 함축하고 있다. '꽃'과 '바람'은 어쩌면 고은산 시인의 이번 시집의 진정한 '화두'일지도 모른다. 시인은 "등뼈가 흔들거"린 이후의 시인의 '욕망'과 그 행로를 이 작품에서 보여주고 있다. 그 끝에는 "혓바늘 돋아나는 입속 같은, 통증 없는 간장 질환 같은/욕망의 나무숲."이라고 말한다. 다시, 고은산 시인의 '몸'을 생각하면 '뼈'나 '근육', '살'이 아니라면 '몸'은 무엇인가? 그렇다면 남는 것의 그림자는 '내장', 혹은 여러 기관일지도 모른다. 시인은 욕망이 뼈를 건드렸다가 "통증 없는 간장 질환 같은" 것으로 스며드는 것을 '몸'으로 느낀다.

태어나서 퇴각의 꼬리를 흔든 적 없는 흉포한 바람은
척추뼈를 곧추 세우고
상처 한 번 없이 부딪치는 모든 것을 핥는다.
창백한 눈동자로 쳐다보는 공간 속을
파고드는 거대한 힘의 뼈가 굵다.

—「무덤 곁에 평화초平和草가 자라다」 부분

시인이 너무도 어렵게 "마음의 등뼈"를 세우는 것과는 반대로 "흉포한 바람은/척추뼈를 곧추 세우고", "거대한 힘"으로 세계의 모든 것, "여백을 흔들고 신음 소리 묻혀 가며,/티 없이 맑은 허공을 손으로 할퀴어 간다". 말 그대로 '바람'은 '시련'의 상징이 되어 시인의 사위를 에워싸고 있는 것이다. 이러한 시련의 표상은 지상地上의 모든 아름다운 삶, 다시 말해 어떻게든 "마음의 등뼈"를 세우고 살아온 사람들에게로까지 확대, 전이된다.

사글세, 전셋집, 긴 시간 지나온 칙칙한 새벽바람이
곱은 손등 위에 차갑게 닿는다.
그의 새벽은 세상을 닦는 자의 엉치등뼈 결림이다.

—「입동」 부분

> 불어오는 바람의 혀끝이 아픈 관절 사이를 스친다.
> 여교사 생활 30년을 꿋꿋이 버텨온 세월의 뼈마디가 시큰시큰 마모되어 간다.
>
> —「대척점의 등뼈 속이 환하다」 부분

간혹 우리가 떠올리게 되는 의문 하나, "왜 가난하고 착한 사람들이 고통받을까?" 이 너무도 자연스러운 물음에 고은산 시인은 '바람(시련)' 앞에서, 아니 차라리 '바람'과 함께 한 그네들의 '뼈'가 "시큰시큰 마모"되어 끝없이 '결'리게 되기 때문이라고 답한다. 그렇다면, 시인의 자아는 이러한 상황을 회피하거나, 애써 외면하고자 하는가. 그렇지 않다는 것은 "딴딴한 쇄골 사이, 팽팽하게/당겨진 낚싯줄 같은 시구詩句들이 빽빽하다"(「당단풍나무」)는 단 한 구절을 통해서도 확인할 수 있다. 시인은 "농부는 등뼈가 휜 일을 논바닥에 접어둔다"(「결두리」)고 쓰고 있다. 그는 '시구詩句' 몇 줄 건져 올리는 일이 '등뼈'가 휘는 일임을 잘 알고 있다. 그럼에도 불구하고 그 길을 마다하지 않을 듯이 보인다. 아마도 그 이유는 '바람'이 아무리 "거대한 힘의 뼈"로 생 전반을 '흉포하게' 물들이더라도 결국에는 "굵은 뼈가 점점

가늘어져/사라지는 종착의 무덤 곁엔/평화초平和草가 무성히 자란다"는 사실을 굳건하게 믿고 있기 때문일 것이다.

3. '설운 근육'으로 호흡하기

너무나 상식적인 이야기지만, 정신으로서의 '자아'는 몸으로서의 '자기'에 기반하고 있다. 그리고 개념적, 관념적 '자아'는 신체적, 본능적 '자아'의 기반 위에서 진화해왔다. 이 동어반복적 연쇄의 다음 단계는 '개념적 자아'는 '타자'의 도움 없이는 결코 '주체'가 될 수 없다는 것이다. 이는 다시 말해서 '자아'에 대한 모든 사유는 종국에는 '타자', 더 정확하게 말해서 '타자와의 관계'에 대한 사유에 지나지 않는다는 의미를 함축한다. 이번 시집에서 시적 사유의 기반이 '뼈'와 '바람'의 긴밀한 이미지 연계連繫에 있다면, 그 다음에는 반드시 '근육'과 '설움'의 이미지 중첩重疊이 뒤따라야 한다. 물론, '뼈'를 감싸 안고, 그것이 원활하게 움직일 수 있도록 하는 가장 중요한 부분이 '근육'이라는 '생물적' 이해가 필요하다. 하지만 나아가 '근육'이 종국에는 '혈관'의 이미지로 확장되면서 '호흡하기'라는 생명의 기본활동에 연결되기 때문이다. 현재의 물리과학적 이해에서 본다면, 빅뱅이후 우주의 원소는 결코 소멸되거나 증대된 적이 없다. 이것은 무엇을 말하는가? 내가 숨을 들이 쉴 때, 나는 가깝게는 김소월을 구성했던 원소를, 멀게는 한때 정지상이었던 원소를 호흡할 수도 있다는 것이다. 이러한 경이는 현실적으로 시적 사유에 있어, '타자와의 관계'에 대한 필요의 깊이를 더 확실하게 보증해준다.

> 처음의 문빗장을 여는 벗겨진 금도금 열쇠를 쥐고 있는, 사향노루 같은 마음의 하루, 근육 위 파란 혈관이 긴장한다.
>
> —「싸움닭이 세상을 꼿꼿이 바라보다」 부분

고은산 시인의 자세는 이렇다. "금도금 열쇠"를 쥐었고 "사향노루 같은 마음"을 가졌건만 "근육 위 파란 혈관이 긴장"하는 하루, 하루를 지나갈 수밖에 없다. 왜냐하면, 그는 비록 "우승 트로피를 거머쥔 싸움닭"처럼 '허세'를 부려보지만, 실제 그는 "엄마 젖을 갓 뗀 어린아이"같이, "사냥을 배우는/어린 사자의 가녀린 발톱으로 길을" 나아가야 하기 때문이다. 아마도 이것은 사회를 향하는 초심初心일 수도 있고, 시를 향한 그것일 수도 있다. 그 무엇이든 시인이 '긴장'할 수밖에 없는 것은 그 어떤 기대나 설렘 이전에,

는 '바람'의 이미지로 환기되는 '뼈'의 문제가 있다. 근간, 토대로 읽을 수 있는 '뼈대'가 종국에는 모진 압박을 견디지 못하고 '병'들고 말 것이라는 '사실'을 알아버린 자의 비애가 늘 묻어있는 것이다. 하지만 시인은 이 '비애'로 인해 '근육과 혈관'으로 함께 '호흡'하는 '타자'의 소중함을 역설적으로 인식하는 계기를 마련한다. 이것은 시인의 시적 특질을 온전히 함축하는 자세이다.

> 미끌미끌한 비눗물, 뭉텅뭉텅 묻은 인고忍苦의 찌꺼기를 뭉글뭉글 뺀다. 한쪽 귀퉁이 나간 빨래판, 잔가시 박힌 과거를 떼어낸다. 쭉 미는 팔, 쪼그린 다리의 힘줄은 참나무 같다.
>
> —「만정滿情」 부분

> 미끈미끈한 고등어 위로 찬바람 연방 주먹질하는, 초겨울, 언 땅바닥은 의지의 힘줄 끌어당긴다.
>
> —「고등어」 부분

> 새싹 위를 단단한, 오밀조밀한 바람이 핥는다.
> 단단한 공기가 안개가 걸친 창 쪽으로 분다.
> 창틀 사이로 풀잎 같은 행진곡 들린다.

나뭇가지 사이, 햇빛에 반짝이는

이파리가 돋는 힘줄 같은 노래를 듣는다.

—「이파리가 노래를 듣다」 부분

더 이상 시어 '바람'은 '뼈'를 시리게 하는 '시련'의 의미를 갖지 않는다. 그것은 일견 건강한 삶을 휩싸는 장치로 내려온다. 남편의 헌 '메리야쓰'를 빠는 아내의 수고 속에서 시인은 '참나무'처럼 곧세 뻗어나간 '힘줄', 올곧은 생의 의지를 읽는다. 마찬가지로 겨울 생선 좌판의 아낙네의 홍겨움("엔돌핀이 돈다") 속에서 "언 배춧잎 같은 부르튼 손에 온기가"도는 생의 진면목眞面目을 만난다. 이러한 긍정적 '호흡'은 나아가 "햇빛에 반짝이는" 창틀 사이의 작은 '이파리'들이 '돋는 힘줄 같은', 즉 '생'의 의지로 충만하게 된다는 데까지 인식이 확장된다. 고은산의 시적 지향은 아마도 이처럼 '생에의 적극적 의지'의 표출에 있을 것이다. 결국, '병든 뼈'는 이 '의지'를 강화하기 위한 역설이었는지도 모를 일이다.

설움의 꼬리뼈를 잡아당긴 손이 파리하다. 파리한 실핏줄 속이 하얗다. 하얗게 야윈 두루미가 추운 새벽을 깨우며 홰를 친다. 홰를 치는 날갯죽지가 물무늬 상상을 털어낸다. 상상이 아침의 깃을 치며 날아오른다. 궁창 속으로 날아오른 새의 발톱이 빛난다. 빛은 설움의 껍질 벗겨낸 섬유질로 직조된 하늘의 근육이다. 쩍— 설움이 갈라진 등딱지 사이로 빛이 파랑친다. 근육이 빛난다. 얼굴에 은빛 향기가 돈다.

—「근육이 빛나다」 전문

이 작품에는 고은산 시인이 이번 시집을 통해 보여주고자 하는 '뼈-근육-살'의 관계가 잘 드러나 있다. 이는 곧바로 시인의 시적 사유의 전개과정을 유비하며, 종국에는 시적 지향의 궁극적 목표를 암시한다. 작품의 전개는 '설움의 꼬리뼈' → '잡아당긴 손' → '파리한 실핏줄' → '갈라진 설움' → '빛나는 근육' 순으로 이어진다. 그 끝에는 '은빛 향기'가 도는 '얼굴'이 자리한다. 이를 수식하는 시어들도 '잡아당긴', '파리하다', '하얗다', '파랑친다', '돈다' 등 긍정/부정적 어휘들이 혼재한다. 하지만 이 작품은 한 가운데 '상상'이라는 중심 시어에 의해 양분된다. 전반부는 "상상을 털어낸다"는 표현에서 알 수 있듯이 '현실'이라 해야 할 것이다. 반면에 후반부는 "상상이 아침의 깃을 치며 날아오른다"는 단적인 표현을 통해 '상상의 세계'임을 유추할 수 있다. 그러면 시인에게 어느 쪽이 더 실제적인가 되묻지 않을 수 없다. 물론 후자다. 시인이란 '현실' 속에서 '상상'의 세계를 살아내는 존재이기 때문이다. 따라서 고은산 시인의 시적 지향은 "근육이 빛난다. 얼굴에 은빛 향기가 돈다"는 부분에서 찾아 볼 수밖에 없다.

4. '맨살'로 다시 살아가기

고은산 시인의 『말이 은도금되다』를 읽으며, 다시 한 번 깨닫게 되는 것은 '정방향'과 '역방향'은 결코 다른 목표 또는 종말을 지향하지 않는다는 점이었다. 심지어 그것은 입지立地의 다름이나, 기교적 능숙함의 차이를 의미하지도 못한다. 어쩌면, 순전히 무엇을 먼저 인식할 것인가 하는 순서, 과정의 문제에 지나지 않을 뿐이다. 우리 한 생이 무화無化될 때, 맨 처음 '살'이 그리고 '근육'이, 그 다음 '뼈'가 그 형과 질을 달리하게 될 뿐이라는 사실을 누가 모를 것인가? 그러므로 '시적'이라는 '자기제한', 또는 '자기한계'를 인식하고 있다면, 우리는 최소한 이번 시집의 시인처럼 방향의 '비틈'을 통해 시적 지평을 넓혀가려는 노력을 지속해야만

한다.

이 체제 없는 글을 정리해보면, 시인은 '몸'으로 시적 사유를 지속하고자 하는 열망을 내비친다. 그것은 '뼈-근육(혈관)-살'이라는 진행 경로를 거치면서, '바람-숨결(빛)-꽃'이라는 이미지를 대표적 표상으로 내 세운다. 물론 그 이면에는 '자아-타자-관계'라는 시적 사유의 깊이, 또는 넓이의 확대를 꾀하는 전략적 의도가 내포되어 있다. 이제 마지막으로 '살의 삶' 또는 '꽃의 사유'가 무엇인지를 살펴보는 작업만 남았다. 필자가 애용하는 언제나 사족이지만, 이 글은 완결된 해설이나 비평적 평가가 아니므로 모든 해석解釋은 독자들의 책임으로 남게 될 것이다.

끝으로 기억해야 할 것 하나는, 비록 '사유'를 '몸'으로 환원시켜 이 글을 끌고 왔지만 최상이나 최선은 아닐지라도 결국 시인에게 있어 '몸'이란 '사유'의 보고寶庫이면서 그 폐기물(기억)의 저장고일 뿐이라는 점이다. 특히, 자연을 인간존재와 분리시키려는 요즘의 경향은 이와 같은 측면에서 반드시 지양되어야 할 것이다. 우리는 자연의 일부이고, 따라서 시인의 자의식이 사연적 대상물에 투사投射되는 것은 지극히 자연스러운 것일 뿐이다. 고은산 시인의 시는 이러한 사정을 잘 보여준다.

창 밖 감나무 가지 위 새 한 마리가
비바람 속 침묵하는 낮은 산 쪽으로 날아간다.
고개를 잠깐 돌렸다 보니 점점으로 작아진다.
새는, 꽃들의 깊고 깊은 산통産痛, 알고 있을 게다.

어느 날 화들짝, 놀라 핀 꽃은
아픈 비 맞으며 꼬리 위로 쳐는다.
새는 비바람 허파 속,
살아 있는 것들, 시린 엉치뼈 어루만지며 날아간다.

—「통점」 부분

작품을 통해 그려지는 전경前景은 이렇다. '비바람 속'으로 "감나무 가지 위 새"가 날아간다. '낮은 산'은 '비바람 속'에서는 멀리 있는 산이므로, 내 가까이 있던 새(원형적으로 새는 '상승적 열망'의 상징으로 읽힌다. 특수한 경우, 천상과 지상의 매개(영매)로 읽히기도 하지만)가 보다 원초적인 경계境界를 향해 날아갔다. 그런데 그 새들은 '꽃의 산통産痛'을 알고 있다. 이때의 꽃은 '대지'에 뿌리박힌 존재의 대표적 표상이다. 그러므로

'꽃'이 '몸'인 시인을, '새'가 '시적 인식'을 표상한다고 보아도 지나친 비약은 아닐 것이다. 그 다음 연에서 시인은 "새는 비바람 허파 속,/살아 있는 것들, 시린 엉치뼈 어루만지며 날아간다."고 말한다. 그러므로 앞의 분별과 연결해 보면, 시인의 시적 인식은 '살아 있는 것들'에게로 오롯이 향하고 있음을 알 수 있다. 또한 그것은 직접적으로 "시린 엉치뼈"를 어루만지는 것, 즉 생의 교감으로 작용해야 한다고 시인이 믿고 있음을 드러낸다.

고은산 시인에게 있어서 '살'의 표상인 '꽃'은 두 개의 의미로 읽힌다. 하나는 그의 '미적 인식(시적 사유)'의 가시적 대상물로, 다른 하나는 '시'보다 훨씬 중요할지도 모르는 '생의 교감'을 위한 필수조건으로 작용한다. 가령, "꽃이 피기 까지,/계절의 층계를 오르며 무관심 속 오롯이, 살아온 살사리꽃."(「호접」)과 같은 표현에서는 '미적 인식'에 가닿기 전까지의 시인의 생활상을 그려내고 있고, "시선의 블랙홀,/위로 솟은 감각의 자물쇠를 열어/달아오른 오르가즘의 끝에 있다./눈은 교성을 지른다./울렁이는 늪, 짜릿하다."(「장미」)는 작품에서는 '미적 인식'에 눈 떴을 때의 '환희'가 잘 그려지고 있다. 반면에 "닳은 신발 뒤축/을 금장으로 수선하는 거야 환한 꽃잎이 난분분한 거야/밤하늘을 푸른 지느러미 흔드는 청어 떼로 가득/하게 만드는 거지."(「잠깐, 머리를 흔들어봐」)와 같은 작품에서는 그 '시적 사유'란 것이 결국은 '머리' 속에만 있는 것일지 모른다는 회의를 드러내며, "피는 꽃이 화엄의 기둥을 세우는, 역병처럼 번지는, 돌/부처 미소와 같은, 그런."(「개화開花」)것이라면서 '시적 인식'의 보다 높은 차원次元을 지향하는 상반된 모습을 보여준다.

희망의 단단한 외피外皮는, 살갗 속, 꽃술에 벌이 날아와 수많은 꿀을 묻혀 날아오르는 것처럼, 은어 떼 가두는 가두리 양식장 같은 밝은 빛이 가득해진다. 너무 부풀어 오른 껍질은 약해져 상처가 난다. 상처 속으로 잿빛 가루가 환한 빛과 섞인다. 어두운 쪽에 포만감이 없는 수은빛 가루를 뿌린다. 포만감에 빠지지 않은 외피 속은 터지지 않는 울금향 향기가 너울거린다. 아문 상처 속, 마음의 혈관에 침향의 진액이 흐른다.

벌 한 마리 꽃 위에서 희망의 꽃술을 핥고 있다.

—「침향枕香」 전문

고은산 시인의 첫 시집, 『말이 은도금되다』를 통해서, 필자 나름대로 시인의 '시적 사유'가 걸어왔다고 생각되는 경로의 어설픈 지도를 그려보았다. 하지만 이러한 작업은 언제나 이중의 '시뮬라크르'에 지나지 않는다. 이는 필자도, 시인도 잘 알고 있다. 그러므로 어찌할 것인가? 아마도 시인은 '몸' 전체, 즉 '살과 근육과 뼈'가 결코 분리될 수 없는 한 '몸', 나아가 시인의 '자아'가 모든 살과 근육과 뼈에 녹아들어가 있는 진정한 시인의 길을 걸어나가야 할 것이다. 이는 물론 필자에게도 해당되는 말이다. 그래서 우리는 이 시대에 "희망의 꽃술을 핥"는 "벌 한 마리"의 운명도 마다하지 말아야 할 것이다.